Auf einen Blick

Découver

Série jaune/Série bleue

Grammatik passend z

DER UNBESTIMMTE ARTIKEL

Im Französischen gibt es nur zwei grammatische Geschlechter, nämlich Maskulinum und Feminium. Deshalb gibt es auch zwei unbestimmte Artikel im Singular: *un* (mask.) und *une* (fem.)

un professeur **une** fille

Beachte die Unterschiede im grammatischen Geschlecht zwischen deutschen und französischen Nomen:
un chat → **eine** Katze
une voiture → **ein** Auto

Anders als im Deutschen gibt es im Französischen auch im Plural einen unbestimmten Artikel. Dieser muss verwendet werden und heißt immer *des*.

des livres
des gommes

Französisch: Léo invite **des** copains.
Deutsch: Leo lädt Freunde ein.

Vor Nomen, die mit einem Vokal oder stummem *h* beginnen, wird das -*s* von *des* in der Aussprache gebunden, d. h gesprochen.

des histoires
des affiches

DER BESTIMMTE ARTIKEL

Der bestimmte Artikel Singular heißt im Maskulinum *le* und im Femininum *la*.

le stylo **la** fille

Beachte: ***l'***-Apostroph steht vor Vokal: **l'a**mi

Der Plural des bestimmten Artikels heißt immer *les*.

les cadeaux **les** bougies

Vor Nomen, die mit einem Vokal oder stummem *h* beginnen, wird das -*s* von *les* in der Aussprache gebunden.

les amis

DIE PRÄPOSITION *À* UND DER BESTIMMTE ARTIKEL

Die Präposition *à* verschmilzt mit den Artikeln *le* zu *au* und *les* zu *aux*.

Maman est **au** marché.
Florian est **aux** W-C.

Mit den Artikeln *la* und *l'* findet keine Verschmelzung statt.

Elle mange **à la** cantine.
Jacques est **à l'**infirmerie.

DIE PRÄPOSITION *DE* UND DER BESTIMMTE ARTIKEL

Die Präposition *de* verschmilzt mit den Artikeln *le* zu *du* und *les* zu *des*.

C'est une photo **du** frère d'Alex.
C'est une photo **des** copines d'Alex.

Mit den Artikeln *la* und *l'* findet keine Verschmelzung statt.

Elle fait **de la** gymnastique.
Voilà la clé **de l'**appartement.

DER PLURAL DES NOMENS

Im Plural erhalten die meisten Nomen ein -*s*.
Das -*s* wird nicht gesprochen.

une voiture → deux voiture**s**
un livre → deux livres

- Nomen, die schon im Singular auf -*s* enden, brauchen im Plural kein zusätzlich -*s*.

un fils → deux fils
un mois → deux mois

- Abkürzungen haben im Singular dieselbe Form wie im Plural.

une BD → deux BD
un CD → deux CD

- Das -*x* in Pluralformen wird nicht gesprochen.

un jeu → deux jeux
un cadeau → deux cadeaux

DIE PERSONALPRONOMEN

Die Personalpronomen			
je	*ich*	nous	*wir*
tu	*du*	vous	*ihr, Sie*
il	*er*	ils	*sie (Pl.)*
elle	*sie*	elles	*sie (Pl., nur weibl.)*
on	*man (wir)*		

Umgangssprachlich kann *on* auch für *nous* verwendet werden:

On prend le bus.

Vous kannst du auch in der höflichen Anrede (Sie) benutzen. So kannst du dich an eine oder mehrere Personen wenden: **Vous mangez** avec nous?

- *Ils* vertritt männliche Personen und gemischte Gruppen.

Ils (Luc et Marc) sont des amis.
Ils (Léo et Jeanne) cherchent les élèves.

- *Elles* vertritt weibliche Personen.

Elles (Louise et Isabelle) prennent le bus.

Weitere Verneinungsmöglichkeiten

Ils **ne** cherchent **plus** le livre.	*nicht mehr*
Elle **ne** regarde **jamais** de films.	*nie*
Je **ne** raconte **rien**.	*nichts*

Auch diese Verneinungswörter umklammern das konjugierte Verb. Vor Vokal oder stummem *h* wird *ne* zu *n'* verkürzt.

Folgt auf die Verneinung ein Nomen, so wird der unbestimmte Artikel durch *de* ersetzt.

Il n'a pas **de** questions.
Er hat keine Fragen.

Nach verneintem *être* steht derselbe Begleiter wie im bejahten Satz.
Ce n'est pas **une** bonne idée.
Nach *aimer* steht der bestimmte Artikel.
Je n'aime pas **les** BD.

In der Umgangssprache lassen die Franzosen bei der Verneinung das *ne* oft weg.

Ça fait rien.
Das macht nichts.

DAS *FUTUR COMPOSÉ*

Mit dem *Futur composé* werden zukünftige Handlungen ausgedrückt. Es wird gebildet mit den Präsensformen von *aller* und dem Infinitiv des Verbs, das die zukünftige Handlung benennt.

Demain elle **va faire** du judo.

Person +	aller +	Infinitiv
je	vais	demander
tu	vas	demander
il/elle/on	va	demander
nous‿	allons	demander
vous‿	allez	demander
ils/elles	vont	demander

Die Verneinung umklammert nur die veränderte (konjugierte) Form von *aller*, nicht den Infinitiv.

Nous **n'**allons **pas** jouer ensemble.
Demain, il **ne** va **pas** aller à l'école.

DAS *PASSÉ COMPOSÉ*

Wenn du etwas erzählen willst, was in der Vergangenheit passiert ist, kannst du das *Passé composé* verwenden.
Das *Passé composé* der meisten Verben wird gebildet aus einer Präsensform des Hilfsverbs *avoir* und dem *Participe passé* (Partizip Perfekt) des Verbs.

Ils ont joué.
↑ ↑
Hilfsverb + *Participe passé* = *Passé composé*

Die Bildung des *Participe passé*

Das *Participe passé* entspricht dem deutschen Partizip II (*gespielt*).
Verben, deren Infinitivstamm auf *-er* enden, bilden das *Participe Passé* auf *-é*!

trouv-er	trouv-**é**
jou-er	jou-**é**

Außerdem gibt es noch unregelmäßige Formen, wie bei dem Verb *faire*, das ein ganz eigenes *Participe passé* bildet:

faire j'ai **fait**

Achte auf Schreibung und Aussprache: zwischen dem Infinitiv, dem *Participe passé* und der 2. Person Plural gibt es bei den Verben auf *-er* keinen Unterschied in der Aussprache.
travaill**er** – j'ai travaill**é** – vous travaill**ez**

Das *Passé composé* mit dem Hilfsverb *avoir*

Person	Hilfsverb	Participe passé
J'	ai	rangé l'appartement.
Tu	as	rangé l'appartement.
Il/Elle/On	a	rangé l'appartement.
Nous‿	avons	rangé l'appartement.
Vous‿	avez	rangé l'appartement.
Ils/Elles‿	ont	rangé l'appartement.

Die Verneinung im *Passé composé*

Im *Passé composé* umschließt die Verneinung die konjugierte Form des Verbs.

Il **n'** a **pas** travaillé.

DER IMPERATIV

Wenn du jemanden auffordern möchtest, etwas zu tun, benutzt du den Imperativ.
Der Imperativ Singular hat meist die Form der **1. Person Singular Präsens** des entsprechenden Verbs.

regarder → je regarde → Regarde!

Der Imperativ Plural hat meist die Form der **1. und 2. Person Plural Präsens** des entsprechenden Verbs.

regarder → nous regardons → Regardons!
regarder → vous regardez → Regardez!

Die 2. Person Plural ist auch die Höflichkeitsform.

Attendez, M. Roche.
Regardez, les enfants.

Verneinung

Ne und *pas* umklammern das Verb.

Ne chante **pas**, s'il te plaît!

DER AUSSAGESATZ

Im Französischen gilt wie im Englischen die **S-V-O-Regel:** erst das **Subjekt,** dann das **Verb,** danach die **Objekte.**

Mathilde cherche son crayon.
↑ ↑ ↑
S V O

Das ändert sich, anders als im Deutschen, auch nicht, wenn eine adverbiale Bestimmung dazukommt.

Aujourd'hui,	Luc	téléphone	à son frère
Heute	*ruft*	*Luc*	*seinen Bruder an.*

Merke: S-V-O, das ist halt so.

DAS ADJEKTIV

Mit Adjektiven kannst du Eigenschaften genauer beschreiben. Adjektive richten sich nach dem Genus (Geschlecht) des Nomens, auf das sie sich beziehen. Die feminine Form wird durch das Anhängen eines *-e* gebildet, was allerdings nicht bei allen Adjektiven hörbar ist.

un t-shirt vert	un**e** robe vert**e**
Le t-shirt est joli.	La robe est joli**e**.

Steht das Nomen im Plural, steht auch das Adjektiv im Plural. An die Singularform wird ein *-s* angehängt.

un t-shirt vert	**des** t-shirt**s** vert**s**
une robe verte	**des** robe**s** verte**s**

Das *-s* wird weder beim Nomen noch beim Adjektiv gesprochen.

Bei männlichen und weiblichen gemischten Gruppen wird die männliche Form verwendet.

Les t-shirts et les robes sont **verts**.

Die Stellung eines Adjektivs im Satz

Die meisten Adjektive stehen im Französischen **nach dem Nomen**. Das ist anders als im Deutschen.

Marie a un	t-shirt	vert.
Marie hat ein	*grünes*	*T-Shirt.*

Nur wenige, aber sehr häufig benutzte Adjektive stehen **vor dem Nomen.** Dazu gehören z.B.: *grand, petit, bon, mauvais, joli.*

C'est	un	petit	chien.
Das ist	*ein*	*kleiner*	*Hund.*

Besonderheiten bei der Bildung von Adjektiven

Der Unterschied zwischen maskulinen und femininen Formen ist **sichtbar und hörbar**:

mask.	femin.	mask.	femin.
allemand	allemande	petit	petite
content	contente	vert	verte
grand	grande	français	française
intéressant	intéressante	mauvais	mauvaise

Der Unterschied zwischen maskulinen und femininen Formen ist **sichtbar**, aber **nicht hörbar**:

mask.	femin.	mask.	femin.
joli	jolie	noir	noire
demi	demie	bleu	bleue

Adjektive mit **nur einer Form** für maskulin und feminin.
Grund: Sie enden schon auf *-e*

mask.	femin.	mask.	femin.
bizarre	bizarre	jaune	jaune
classique	classique	rouge	rouge
fantastique	fantastique	triste	triste

Adjektive **ohne eigene maskuline Form** im Plural.
Grund: Sie haben schon im Singular ein *-s:*

Singular	Plural
un livre français	des livres français
une famille française	des familles françaises
genauso:	mauvais und gris

Feminine Sonderformen :	
blanc	blanche
bon	bonne
dernier	dernière
long	longue

DIE ZAHLEN VON 1 BIS 100

0	zéro		
1	un/une	11	onze
2	deux	12	douze
3	trois	13	treize
4	quatre	14	quatorze
5	cinq	15	quinze
6	six	16	seize
7	sept	17	dix-sept
8	huit	18	dix-huit
9	neuf	19	dix-neuf
10	dix	20	vingt

21	vingt-et- un	71	soixante-et-onze
22	vingt-deux	72	soixante-douze
23	vingt-trois	73	soixante-treize
24	vingt-quatre	74	soixante-quatorze
25	vingt-cinq	75	soixante-quinze
26	vingt-six	76	soixante-seize
27	vingt-sept	77	soixante-dix-sept
28	vingt-huit	78	soixante-dix-huit
29	vingt-neuf	79	soixante-dix-neuf
30	trente	80	quatre-vingts
40	quarante		
50	cinquante		
60	soixante		
70	soixante-dix		

81	quatre-vingt-un	91	quatre-vingt-onze
82	quatre-vingt-deux	92	quatre-vingt-douze
83	quatre-vingt-trois	93	quatre-vingt-treize
84	quatre-vingt-quatre	94	quatre-vingt-quatorze
85	quatre-vingt-cinq	95	quatre-vingt-quinze
86	quatre-vingt-six	96	quatre-vingt-seize
87	quatre-vingt-sept	97	quatre-vingt-dix-sept
88	quatre-vingt-huit	98	quatre-vingt-dix-huit
89	quatre-vingt-neuf	99	quatre-vingt-dix-neuf
90	quatre-vingt-dix	100	cent

Bei *six, huit, dix* wird der Endkonsonant vor Nomen, die mit einem **Konsonanten** beginnen, nicht ausgesprochen.

six chiens   huit chiens

Vor Nomen, die mit **Vokal** oder **stummem *h*** beginnen, werden alle Zahlwörter gebunden. Bei *deux, trois, six, neuf, dix* sind die Endkonsonanten dann stimmhaft.

trois‿élèves   neuf‿élèves

Un wird vor einem femininen Nomen zu *une*.

vingt-et-**une** fille

Ab 17 werden die Zehner und die Einer mit einem Bindestrich verbunden.

dix-sept   dix-huit

DER FRAGESATZ

Fragen mit Fragewort

Fragen mit Fragewort sind Ergänzungsfragen, du kannst sie nicht mit „ja“ oder „nein“ beantworten.

Qui est-ce?
Qu'est-ce que c'est?
Que fait Marie?
Tu t'appelles **comment**?

Fragen ohne Fragewort

Die Frage ohne Fragewort ist eine Entscheidungsfrage. Man kann sie mit „ja“ oder „nein“ beantworten. Die Frage unterscheidet sich nur durch die Satzmelodie und das Fragezeichen von einem Aussagesatz. Die Wortstellung bleibt gleich, aber am Ende der Frage wird die Stimme angehoben. Diese Art der Frage ist für das Französische typisch.

Moustique est un chien?	**Oui.**	(Frage)
Moustique est un chien.		(Aussage)

Fragen mit *est-ce que*

Fragen können auch mit *est-ce que* beginnen. Die Satzstellung bleibt wie im Aussagesatz. Die Satzmelodie ist steigend.

	Léo	est à la maison.
Est-ce que	Léo	est à la maison?
Est-ce qu'	il	est à la maison?

Das Fragewort *que* wird vor Vokal zu *qu'* verkürzt.

Bei **Fragen ohne Fragewort** steht *est-ce que* am Satzanfang.

Est-ce que Alex est malade?

Bei **Fragen mit Fragewort** steht *est-ce que* nach dem Fragewort.

Pourquoi	est-ce que	Alex fait du judo?
Où	est-ce que	Jeanne habite?
Quand	est-ce que	tu vas à l'école?

In der Umgangssprache werden die Ergänzungsfragen häufig ohne *est-ce que* gebildet. Das Fragewort tritt dann hinter das Verb.

Tu arrives **quand**?
Tu habites **où**?

Verwende *Que fait/font…(Was macht/machen…?)* und *Où est/sont…. (Wo ist/sind …?)* nur bei kurzen Fragen, wenn das Subjekt ein **Name** oder ein **Nomen** ist.

Que fait Daniel?
Où sont les filles?

DAS DIREKTE UND DAS INDIREKTE OBJEKT

Das direkte Objekt folgt „direkt“, d. h. ohne Präposition nach dem Verb. Beim indirekten Objekt tritt zwischen Verb und Objekt meistens die Präposition *à*.

Marie	**regarde**		**un livre.**	(direkt)
M. Paul	**parle**	**à**	**sa femme.**	(indirekt)

Wenn in einem Satz beide Objekte vorkommen, steht das direkte Objekt zuerst, also direkt beim Verb und dann folgt erst das indirekte Objekt.

Alex	montre	le t-shirt	à son frère.
		↑ direktes Objekt	↑ indirektes Objekt

Lerne die Verben immer zusammen mit den Ergänzungen.

parler à qn	aider qn
téléphoner à qn	aimer qn
demander qc à qn	donner qc à qn
écrire qc à qn	lire qc à qn
montrer qc à qn	poser une question à qn
raconter qc à qn	

ADVERBIEN DER ZEIT UND DES ORTES

Adverbien beschreiben, auf welche Weise etwas getan wird.
Sie beziehen sich auf ein Verb, ein Adjektiv oder ein anderes Adverb.
Adverbien der Zeit und des Ortes stehen in der Regel **am Anfang** oder **am Ende** des Satzes.

Adverbiale Bestimmungen der Zeit

Aujourd'-hui, je regarde une BD.
Demain, je vais faire de la musique.
Hier, j'ai fait du foot.
Je regarde **souvent** la télé.

Adverbiale Bestimmungen des Ortes

Luc arrive **à la maison**.
Marie arrive **à Paris.**
Il est **dans la voiture**.
M. Pirou va **à gauche/à droite**.

ADVERBIEN DER ART UND WEISE

Adverbien, die **eine Menge**, eine **Art und Weise** oder eine **unbestimmte Zeit** ausdrücken, stehen **hinter** der konjugierten Verbform.

Elle chante **vraiment** très bien.
Il travaille **peu/trop**.
Jérôme parle **vite**.

ANGABEN ÜBER MENGEN MACHEN

Du kannst Mengen durch ein **Adverb** (z.B. *beaucoup*) angeben. Dabei steht zwischen der Mengenangabe und dem nachfolgenden Nomen ein *de*. Vor einem Vokal und stummen *h* wird *de* zu *d'*.

beaucoup	**de** maisons
trop	**d'**élèves
une bouteille	**d'**eau

Ne … pas de und *ne … plus de* können Mengenangaben sein.
Sie drücken die Menge „Null“ aus.

Elle **n'**a **pas de** questions.	*Sie hat keine Fragen.*
Il **n'**a **plus de** problèmes.	*Er hat keine Probleme mehr.*

Nicht verwechseln mit der Verneinung!
Malou **n'est pas** un chien.
Je **n'ai pas** mal.

VERBEN

Die Grundform eines Verbs heißt Infinitiv. Gemeinsam mit einem Subjektpronomen tritt ein Verb in konjugierter Form auf.
Beim Verb unterscheidet man zwischen Stamm und Endung, der Stamm bleibt unverändert, die Endung wird konjugiert.

Verben auf *-er* (regelmäßige)

Die meisten Verben im Französischen enden auf *-er*.

	chercher		
je	cherch**e**	nous	cherch**ons**
tu	cherch**es**	vous	cherch**ez**
il/elle/on	cherch**e**	ils/elles	cherch**ent**

Vor einem Verb, das mit einem Vokal oder stummem *h* beginnt, wird *je* zu *j'*: **j'e**ntre, **j'h**abite

Nur die Endungen *-ons* und *-ez* werden ausgesprochen.

Beispiele für regelmäßig konjugierte Verben auf *-er:*

	travailler	rentrer	visiter
je	travaille	rentre	visite
tu	travailles	rentres	visites
il/elle/on	travaille	rentre	visite
nous	travaillons	rentrons	visitons
vous	travaillez	rentrez	visitez
ils/elles	travaillent	rentrent	visitent

On bedeutet „man".
Umgangssprachlich wird **on** auch für „wir" verwendet.

Achte auf Besonderheiten bei manchen regelmäßig konjugierten Verben:

	manger	ranger	commencer
je	mange	range	commence
tu	manges	ranges	commences
il/elle/on	mange	range	commence
nous	mang**eo**ns	rang**eo**ns	commen**ç**ons
vous	mangez	rangez	commencez
ils/elles	mangent	rangent	commencent

UNREGELMÄSSIGE VERBEN

Die unregelmäßigen Verben *avoir* und *être* sind die am häufigsten verwendeten Verben.

Die Verben *avoir (haben)* und *être (sein)*

	avoir		être
j'	ai	je	suis
tu	as	tu	es
il/elle/on	a	il/elle/on	est
nous	avons	nous	sommes
vous	avez	vous	êtes
ils/elles	ont	ils/elles	sont

- *avoir*: Nous avons faim.
  Wenn du sagen willst, wie alt du bist, musst du *avoir* verwenden.
  Tu as quel âge? J'ai treize ans.
- *être:* Tu **es** de Paris.
  Malou **est** un chat.

Avoir und *être* sind auch Hilfsverben, du brauchst sie zum Beispiel für die Bildung verschiedener Zeitformen.

Achte bei **ils/elles ont** und **ils/elles sont** gut auf die Aussprache.
ils/elles‿ont (avoir) → stimmhaftes „s" bei der Verbindung
ils/elles sont (être) → stimmloses „s" bei der Verbindung

Die Verben *aller* und *faire*

	aller	faire
je	vais	fais
tu	vas	fais
il/elle/on	va	fait
nous	allons	faisons
vous	allez	faites
ils/elles	vont	font
Imperativ	Va! Allons! Allez!	Fais! Faisons! Faites!

- *aller*: Gib nach aller immer ein Ziel an!
  Ils vont **à l'école**. (**à** bei Ort)
  Elle va **chez son frère**. (**chez** bei Person)
- *faire*: Beachte die Aussprache der 1. Person Plural faisons: [ə]
- Auf *faire* folgt oft die Präposition *de* mit dem bestimmten Artikel.
  faire **de la** musique faire **du** sport

Weitere unregelmäßige Verben

	écrire	lire
je/j'	écris	lis
tu	écris	lis
il/elle/on	écrit	lit
nous	écri**v**ons	li**s**ons
vous	écri**v**ez	li**s**ez
ils/elles	écri**v**ent	li**s**ent
Imperativ	Écris! Écrivez!	Lis! Lisez!
	mettre	**prendre**
je	mets	prends
tu	mets	prends
il/elle/on	met	prend
nous	me**tt**ons	pre**n**ons
vous	me**tt**ez	pre**n**ez
ils/elles	me**tt**ent	pre**nn**ent
Imperativ	Mets! Mettez!	Prends! Prenez!

DIE VERNEINUNG: *NE ... PAS*

Die **Verneinung** wird mit den zwei Verneinungswörtern *ne* und *pas* gebildet. Sie umklammern das konjugierte Verb.
M. Dubois vient ce soir? Non, il **ne** vient **pas** ce soir.

Vor Vokal oder stummem *h* wird *ne* zu *n'* verkürzt.
Non, elle **n'**aime **pas** la musique classique.

Die Franzosen sprechen das *ne* häufig [n] aus.
Je ne sais pas. [ʒənsɛpa]

In Sätzen ohne Verb entfällt das *ne*.
Tu joues avec moi? Oui, mais **pas** maintenant.
Spielst du mit mir? Ja, aber nicht jetzt.

Als Widerspruch benutzt du *si*.
Tu n'aimes pas les chiens? **Si.**
Magst du keine Hunde? Doch.

DIE POSSESSIVBEGLEITER

Die Possessivbegleiter (besitzanzeigende Fürwörter) stehen vor dem Nomen und machen deutlich, wem eine Sache gehört. Sie richten sich in Genus und Numerus nach dem Nomen, vor dem sie stehen. Im Singular musst du zwischen maskulin und feminin unterscheiden. Im Plural gibt es nur eine Form.

Ein Besitzer

Wenn es sich um **eine** Person handelt, die das nachfolgende Nomen „besitzt", verwendest du folgende Possessivbegleiter:

Sg. mask.	Sg. Fem.	Pl. mask.	Pl. fem.
mon frère	ma sœur	mes frères	mes sœurs
ton frère	ta sœur	tes frères	tes sœurs
son frère	sa sœur	ses frères	ses sœurs

Voilà **ta** copine.
Où sont **mes** copines?
Elle cherche **ses** copains.
C'est **ma** copine Alexandra et **son** frère Jérôme.

Anders als im Deutschen musst du dich auch bei *son, sa, ses* nur nach dem folgenden Nomen richten.

Léo cherche **son copain**. → *Leo sucht seinen Freund.*
Léo cherche **sa copine**. → *Leo sucht seine Freundin.*
Marie cherche **son copain**. → *Marie sucht ihren Freund.*
Marie cherche **sa copine**. → *Marie sucht ihre Freundin.*

Folgt dem Possessivbegleiter ein Nomen im Singular, das mit einem Vokal oder stummem *h* beginnt, steht immer *mon, ton, son*, auch wenn das Nomen feminin ist.

mon histoire
son idée

Mehrere Besitzer

Wenn es sich um **mehrere** Personen handelt, die das nachfolgen-de Nomen „besitzen", verwendest du folgende Possessivbegleiter:

Sg. mask.	Sg. Fem.	Pl. mask.	Pl. fem.
notre frère	notre sœur	nos frères	nos sœurs
votre frère	votre sœur	vos frères	vos sœurs
leur frère	leur sœur	leurs frères	leurs sœurs

Ils cherchent **leurs** copains. → *Sie suchen ihre Freunde.*
Où est **notre** copain? → *Wo ist unser Freund?*
Où sont **nos** copains? → *Wo sind unsere Freunde?*
Voilà **votre** *copine.* → *Da ist eure Freundin.*
Voilà **vos** copines. → *Da sind eure Freundinnen.*

Votre und *vos* können wie *vous* auch Höflichkeitsformen sein.

Pardon, Madame, vous cherchez **votre** chien et **vos** chats?

DIE UHRZEIT – UMGANGSSPRACHLICH

Die Uhrzeit wird mit ***heure (f.)*** angegeben, im Plural mit ***-s***.

Il est une heure.
Il est deux heures.
Il est dix heures.

Die Stunden gehen von **1 bis 11**.
Die Minuten gehen von **1 bis 29** und von **-29 bis -1.**

Il est deux heures cinq. 9:05
Il est neuf heures **moins** cinq. 8:55

Bei der **halben Stunde** geht man von der **vorausgehenden** Stunde aus – anders als im Deutschen.

Il est deux heures et demie. *Es ist halb 3.*

Achte auf das **-e** bei … *et demi**e***! (*heure* = feminin)

Für „12 Uhr" sagt man **midi** *(Mittag)* oder **minuit** *(Mitternacht)*.

Il est **midi.** *Es ist zwölf Uhr (mittags).*
Il est **minuit.** *Es ist zwölf Uhr (nachts).*

Bei "Viertel nach" steht kein Artikel,
bei "Viertel vor" der bestimmte Artikel.

Il est trois heures **et quart**. *Es ist Viertel nach 3.*
Il est sept heures **moins le quart**. *Es ist Viertel vor 7.*

DIE UHRZEIT – OFFIZIELL

Die Stunden gehen von **0 bis 23**.
Die Minuten gehen von **1 bis 59.**

Il est quatorze heures cinq. 14:05
Il est seize heures quinze. 16:15
Il est dix-huit heures trente. 18:30
Il es vingt-trois heures quarante-cinq. 23:45
Il est zéro heure cinq. 00:05

MONATE

Die Monate heißen im Französischen:

1	janvier
2	février
3	mars
4	avril
5	mai
6	juin
7	juillet
8	août
9	septembre
10	octobre
11	novembre
12	décembre

Mon anniversaire, c'est le premier mars.
Mon anniversaire, c'est le vingt-trois février.

Découvertes Série jaune/Série bleue 1 – Auf einen Blick
Grammatik passend zum Schulbuch
von Eric Pajot

www.klett-lerntraining.de
Bildnachweis: Klett-Archiv
Druck: Achilles, Celle
Printed in Germany
ISBN 978-3-12-926073-9
9 783129 260739

Auf einen Blick
Klett
Découvertes 1
Série jaune/Série bleue
Grammatik